INGA PFANNEBECKER

SCHLANKMACHER-BROTE

FOTOGRAF: MATHIAS NEUBAUER

INHALT

Öffnen Sie die Klappen dieses Buches.
Dort finden Sie die wichtigsten Infos zum Thema auf einen Blick!

DAS PRINZIP: SCHLANKMACHER-BROT

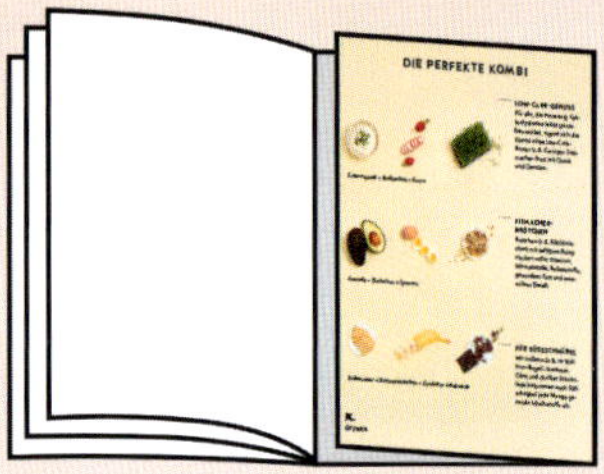

DIE PERFEKTE KOMBI

Immer griffbereit:

SO GEHT'S: BROT BACKEN

Immer griffbereit:

BROT BACKEN – SO WIRD'S PERFEKT

GU **CLOU**

Wussten Sie schon, dass ...?
Entdecken Sie bei einigen ausgewählten Rezepten ganz besondere Tipps mit verblüffendem Insiderwissen. Aha-Momente garantiert!

Mit diesem Symbol sind alle veganen Gerichte gekennzeichnet.

Die Backzeiten können je nach Herd variieren. Unsere Temperaturangaben beziehen sich auf das Backen im Elektroherd mit Ober- und Unterhitze.

Sammeln Ihrer Lieblingsrezepte mit der »GU Kochen Plus«-App (siehe S. 64)

REZEPTKAPITEL

INGA PFANNEBECKER

Der Figur zuliebe auf Brot verzichten? Nicht nötig, sagt Ernährungswissenschaftlerin und Kochbuchautorin Inga Pfannebecker. Denn mit den richtigen Zutaten sind Low- oder Slow-Carb-Brote gesunde Sattmacher, die uns helfen, in Balance zu bleiben.

Wie wird ein Brot zum Schlankbrot?

Ganz einfach: durch Zutaten, die zum einen nährstoffreich sind und zum anderen lange satt machen. Ideal dafür sind Vollkornmehle, Nüsse, Saaten, Gemüse und spezielle Zutaten wie Flohsamenschalen oder Kartoffelfasern. Sie sind reich an Ballaststoffen und lassen den Blutzuckerspiegel nur langsam ansteigen. So wird nur wenig vom Dickmacher-Hormon Insulin ausgeschüttet, Heißhunger hat keine Chance und wir fühlen uns bereits nach einer Scheibe Brot satt. Low-Carb-Brote sättigen durch ihren Eiweißanteil, z. B. aus Eiern und Quark, noch besser. Auch gesundes Fett aus Nüssen, Saaten oder Pflanzenölen trägt zum Sättigungseffekt bei.

Ist das Backen nicht super aufwendig?

Meist ist das Warten, bis der Teig gegangen und das Brot gebacken ist, am schwierigsten. Da braucht man etwas Geduld. Ansonsten sind die meisten Teige in wenigen Minuten geknetet und gelingen selbst Anfängern. Mein Tipp für alle mit wenig Zeit: am Wochenende ein oder zwei Sorten auf Vorrat backen und einfrieren. Unter der Woche dann z. B. über Nacht bei Zimmertemperatur auftauen lassen.

Ist Low Carb die beste Wahl zum Abnehmen?

Vielen Menschen fällt es leichter, mit weniger Kohlenhydraten in Form zu kommen oder zu bleiben. Besonders abends sind kohlenhydratarme Brote dann eine gute Wahl. Sie halten den Blutzuckerspiegel niedrig, sodass die Fettverbrennung in der Nacht ungestört ablaufen kann. Aber auch die ballaststoffreichen Brote mit Slow Carbs sind super beim Abnehmen: Sie sättigen lange und helfen so, ohne Hungern kalorienbewusst zu essen. Sie empfehlen sich besonders morgens und mittags, wenn die Kohlenhydrate an einem aktiven Tag durch Bewegung direkt umgesetzt werden.

ROTE-BETE-CHAPATIS

450 g Vollkorn-Weizenmehl mit …

… 1 TL Salz und ½ TL gemahlenem Kreuzkümmel in einer Rührschüssel mischen.

3 EL Öl und …

… 300 ml Rote-Bete-Saft hinzufügen und alles in 6–8 Min. zu einem elastischen Teig verkneten.

Abgedeckt ca. 30 Min. ruhen lassen. Zwölf gleich große Kugeln formen, diese abdecken. Nacheinander mit wenig Mehl rund (ca. 16 cm ∅) ausrollen. In einer heißen Pfanne 30–40 Sek. backen, wenden, weitere 30–40 Sek. backen. Erneut wenden, weitere 10 Sek. backen, dabei mit einem Spatel an mehreren Stellen flach drücken, sodass sich das Brot aufbläht. Auf einen Teller legen, mit einem sauberen Geschirrtuch abdecken, bis alle Brote fertig sind. Schmeckt mit Joghurtdip.

DIE GROSSEN

*Für 1 Brot (ca. 16 Scheiben) • 15 Min. Zubereitung • ca. 12 Std. Quellen • 1 Std. Backen •
Pro Scheibe ca. 170 kcal, 7 g E, 13 g F, 3 g KH*

KERNIGES SATTMACHER-BROT

LOW CARB

50 g Chia-Samen
75 g Nusskernmischung (z. B. Haselnüsse, Mandeln, Walnüsse)
120 g Sonnenblumenkerne
90 g Kürbiskerne
90 g geschrotete Leinsamen
30 g gemahlene Flohsamenschalen
25 g Hanfsamen
Salz
2 EL Kokosöl

AUSSERDEM
Kastenform (25 cm Länge)

TIPP
Das Brot bleibt gut verpackt mindestens fünf Tage saftig. In Scheiben geschnitten kann man es gut einfrieren und später im Toaster auftauen.

SAATENMISCHUNG: 30 g Chia-Samen in einem Blitzhacker zu Mehl mahlen. Die Nüsse in einer Pfanne ohne Fett leicht anrösten, herausnehmen und grob hacken. Das Chia-Mehl und die gerösteten Nüsse mit Sonnenblumenkernen, Kürbiskernen, Leinsamen, Flohsamenschalen, Hanfsamen und 1 ½ TL Salz in einer Rührschüssel mischen.

TEIG: Das Kokosöl in einem Topf mit 300 ml Wasser unter Rühren lauwarm erhitzen, bis es geschmolzen ist. Die Mischung zu den trockenen Zutaten geben und mit einem Rührlöffel unterrühren, bis sich alles verbunden hat. Die Kastenform mit Backpapier auslegen. Die Masse einfüllen, glatt streichen und abgedeckt ca. 12 Std. bei Zimmertemperatur quellen lassen.

BACKEN: Den Backofen auf 180° vorheizen. Das Brot im Ofen (2. Schiene von unten) ca. 30 Min. backen. Die Form aus dem Ofen nehmen. Das Brot mithilfe des Backpapiers aus der Form heben und auf ein Backblech legen. Anschließend auf dem Blech im Ofen in ca. 30 Min. fertig backen. Das Brot vom Blech nehmen und auf einem Kuchengitter auskühlen lassen.

Für 1 Brot (ca. 16 Scheiben) • 15 Min. Zubereitung • 40 Min. Backen •
Pro Scheibe ca. 185 kcal, 7 g E, 7 g F, 22 g KH

SCHNELLES FITNESSBROT

VOLLWERT-REZEPT

75 g Haselnusskerne
75 g Erdnusskerne
1 Würfel frische Hefe (42 g)
500 g Vollkorn-Dinkelmehl
Salz
2 EL Apfelessig

AUSSERDEM
Kastenform (25 cm Länge)
Fett und Mehl für die Form

1 Den Backofen auf 225° vorheizen. Die Kastenform gut einfetten und mit Mehl ausstäuben. Die Haselnuss- und die Erdnusskerne grob hacken. Die Hefe in 500 ml lauwarmes Wasser bröckeln und unter Rühren darin auflösen.

2 Mehl und 2 leicht gehäufte TL Salz in einer Rührschüssel mischen. Hefewasser, Essig und Nüsse dazugeben und mit den Knethaken des Handrührgeräts unterkneten. Alles ca. 3 Min. weiterkneten, bis ein gleichmäßiger, recht flüssiger Teig entstanden ist.

3 Den Teig sofort in die vorbereitete Form geben und im Ofen (Mitte) ca. 35 Min. backen. Das Brot noch ca. 5 Min. im ausgeschalteten Ofen lassen, dann herausnehmen. Mit einem Messer vom Formrand lösen, stürzen und auf einem Kuchengitter auskühlen lassen. Das Brot kann in Scheiben geschnitten eingefroren und bei Bedarf im Toaster schnell aufgebacken werden.

Für 1 Brot (ca. 12 Scheiben) • 15 Min. Zubereitung • 10 Min. Quellen • 40 Min. Backen • Pro Scheibe ca. 115 kcal, 11 g E, 6 g F, 4 g KH

KÜRBISKERNBROT

EIWEISSREICH

75 g Kürbiskerne
25 g geschrotete Leinsamen
25 g geschrotete Chia-Samen
50 g Haferkleie
50 g Whey-Proteinpulver (geschmacksneutral; aus dem Drogeriemarkt oder Internethandel)
1 gehäufter TL Backpulver
½ TL Brotgewürz (Mischung aus Koriander, Kümmel, Fenchel und Anis)
Salz
2 Eier (M)
250 g Magerquark

1 Den Backofen auf 200° vorheizen. Ein Backblech mit Backpapier auslegen. 50 g Kürbiskerne mit Leinsamen, Chia-Samen, Haferkleie, Proteinpulver, Backpulver, Brotgewürz und 1 TL Salz in einer Rührschüssel mischen.

2 Die Eier mit dem Quark verquirlen. Die Quarkmischung mit einem Rührlöffel unter die trockenen Zutaten rühren, bis sich alles gut verbunden hat. Den Teig ca. 10 Min. quellen lassen.

3 Den Teig nochmals kurz durchrühren, dann auf das Blech geben und mit einem angefeuchteten Esslöffel zu einem ovalen Brotlaib formen. Die Oberfläche glatt streichen und mit den übrigen Kürbiskernen (25 g) bestreuen. Das Brot im Ofen (Mitte) ca. 40 Min. backen. Auf einem Kuchengitter auskühlen lassen.

Für 1 Brot (ca. 12 Scheiben) • 25 Min. Zubereitung • 1 Std. 30 Min. Gehen • 30 Min. Backen • Pro Scheibe ca. 195 kcal, 8 g E, 4 g F, 29 g KH

MÖHREN-VOLLKORNBROT

MIT VIEL GEMÜSE

400 g Möhren
35 g flüssiger Sauerteig
10 g frische Hefe
1 EL flüssiger Honig
300 g Vollkorn-Dinkelmehl
100 g Vollkorn-Roggenmehl
50 g Haferkleie
50 g geschrotete Leinsamen
10 g Salz
25 g Kürbiskerne
25 g Haferflocken

AUSSERDEM
Mehl zum Bestreuen
ofenfester Topf mit Deckel (am besten aus Gusseisen; ca. 24 cm ∅)

MÖHREN: Möhren putzen und schälen. 100 g Möhren fein raspeln. Übrige Möhren in Stücke schneiden, in einem Topf mit Wasser bedecken und zugedeckt ca. 12 Min. dünsten. In ein Sieb abgießen, abtropfen lassen und fein pürieren.

TEIG: Sauerteig in eine Schüssel geben. Hefe hineinbröckeln, Honig und 150 ml lauwarmes Wasser hinzufügen. Alles verrühren, bis sich die Hefe aufgelöst hat. Beide Mehlsorten, Haferkleie, Leinsamen, Salz, Möhrenpüree und -raspel in einer Rührschüssel vermengen. Das Hefewasser dazugeben und alles mit den Knethaken des Handrührgeräts zu einem klebrigen Teig verkneten. Teig mit etwas Mehl bestreuen und abgedeckt an einem warmen Ort ca. 1 Std. 30 Min. gehen lassen. Nach der Hälfte der Gehzeit mit einer Teigkarte rund falten: Dazu den Teig mit der Teigkarte nach und nach rundum vom Schüsselrand lösen und unter den Teig schieben.

BACKEN: Kurz vor Ende der Gehzeit den Topf samt Deckel in den Backofen stellen (2. Schiene von unten). Den Ofen auf 250° vorheizen. Den Topf aus dem Ofen nehmen und den Deckel abnehmen (Vorsicht, heiß!). Den Teig in den Topf geben und an der Oberfläche mit einem Messer mehrmals etwa 1 cm tief einschneiden. Mit Kürbiskernen und Haferflocken bestreuen. Den Topfdeckel wieder auflegen und das Brot im Ofen ca. 25 Min. backen. Dann den Deckel abnehmen und das Brot noch ca. 5 Min. weiterbacken. Vorsichtig aus dem Topf nehmen und auf einem Kuchengitter auskühlen lassen.

Für 1 Brot (ca. 15 Scheiben) • 20 Min. Zubereitung • 1 Std. 30 Min. Gehen • 55 Min. Backen • Pro Scheibe ca. 185 kcal, 7 g E, 6 g F, 25 g KH

FRÜHSTÜCKSBROT

BALLASTSTOFFREICH

200 g Haferflocken
300 g Vollkorn-Dinkelmehl
Salz
1 Pck. Trockenhefe (7 g)
½ TL Zimtpulver
100 ml Milch
60 g Erdnussmus
50 g Honig
1 EL Sonnenblumenöl

AUSSERDEM

Kastenform (25 cm Länge)
Fett und Mehl für die Form
2 EL Haferflocken zum Bestreuen

1 Die Haferflocken mit Mehl, 1 TL Salz, Hefe und Zimt mischen. 200 ml Wasser, Milch, Erdnussmus, Honig und Öl unter Rühren lauwarm erhitzen. Die Mischung zu den trockenen Zutaten geben und alles mit den Knethaken des Handrührgeräts in ca. 5 Min. zu einem feuchten Teig verkneten. Abgedeckt an einem warmen Ort ca. 1 Std. 30 Min. gehen lassen.

2 Kurz vor Ende der Gehzeit den Backofen auf 225° vorheizen, dabei eine ofenfeste Schale mit Wasser auf den Ofenboden stellen. Die Kastenform einfetten und mit Mehl ausstäuben. Teig kurz durchkneten, in die Form füllen und mit Haferflocken bestreuen.

3 Das Brot mit Backpapier abdecken und im Ofen (2. Schiene von unten) ca. 15 Min. backen. Temperatur auf 175° reduzieren, das Brot offen in 35–40 Min. fertig backen. In der Form ca. 10 Min. abkühlen lassen. Herauslösen und auf einem Kuchengitter auskühlen lassen.

Für 1 Brot (ca. 16 Scheiben) • 15 Min. Zubereitung • 1 Std. Gehen • 1 Std. Backen • Pro Scheibe ca. 190 kcal, 5 g E, 7 g F, 26 g KH

SANDWICHBROT

GLUTENFREI

1 Würfel frische Hefe (42 g)
1 TL Honig
150 g Buchweizenmehl
150 g Tapiokamehl
200 g Reismehl
100 g Kürbiskerne
75 g Leinsamen
5 g Xanthan (aus dem Reformhaus oder Internethandel)
Salz
4 EL Sonnenblumenöl
1 TL Apfelessig

AUSSERDEM
Kastenform (30 cm Länge)

1 Die Kastenform mit Backpapier auslegen. Die Hefe in 500 ml lauwarmes Wasser bröckeln. Den Honig dazugeben und alles verrühren, bis sich die Hefe aufgelöst hat. Alle drei Mehlsorten mit Kürbiskernen, Leinsamen, Xanthan und 1 TL Salz in einer Rührschüssel mischen. Hefewasser, 2 EL Öl und Essig dazugeben und alles kurz zu einem weichen Teig verrühren. Den Teig in die Form füllen und an der Oberfläche mittig der Länge nach ca. 1 cm tief einschneiden. Abgedeckt an einem warmen Ort ca. 1 Std. gehen lassen.

2 Kurz vor Ende der Gehzeit den Backofen auf 225° vorheizen, dabei eine ofenfeste Schale mit Wasser auf den Ofenboden stellen. Das Brot mit 2 EL Öl bestreichen und im Ofen (2. Schiene von unten) ca. 10 Min. backen. Die Temperatur auf 200° reduzieren und das Brot in ca. 50 Min. fertig backen. In der Form ca. 10 Min. abkühlen lassen, dann herauslösen und auf einem Kuchengitter auskühlen lassen.

SPROSSENBROT

VOLLWERT-REZEPT

Für 1 Brot (ca. 12 Scheiben) • 25 Min. Zubereitung • 1 Std. Gehen • 45 Min. Backen • Pro Scheibe ca. 195 kcal, 8 g E, 1 g F, 37 g KH

300 g Vollkorn-Roggenmehl
300 g Vollkorn-Dinkelmehl
Salz
1 Würfel frische Hefe (42 g)
1 TL Honig
1 Pck. flüssiger Sauerteig (75 g)
1 EL Aceto balsamico bianco
90 g Sprossen-Mix (z. B. Alfalfa, Rettich, Leinsamen; aus dem Kühlregal)

AUSSERDEM
Mehl zum Arbeiten
ofenfester Topf mit Deckel (am besten aus Gusseisen; ca. 24 cm ∅)

VORBEREITEN: Beide Mehlsorten mit 2 TL Salz in der Rührschüssel der Küchenmaschine mischen. Die Hefe in 450 ml lauwarmes Wasser bröckeln. Den Honig dazugeben und alles verrühren, bis sich die Hefe aufgelöst hat (Bild 1).

TEIG: Hefewasser, Sauerteig und Aceto balsamico zur Mehlmischung geben und alles mit dem Knethaken der Küchenmaschine in ca. 2 Min. zu einem klebrigen Teig verkneten. Die Sprossen hinzufügen und nur kurz unterkneten (Bild 2). Den Teig auf der Arbeitsfläche mit bemehlten Händen noch kurz durchkneten, er sollte immer noch klebrig und feucht sein (Bild 3). Den Teig in eine Schüssel legen und abgedeckt bei Zimmertemperatur ca. 1 Std. gehen lassen (Bild 4).

VORHEIZEN: Kurz vor Ende der Gehzeit den Topf samt Deckel in den Backofen (2. Schiene von unten) stellen. Den Ofen auf 250 °C vorheizen. Den Topf aus dem Ofen nehmen und den Deckel abnehmen (Vorsicht, heiß!).

BACKEN: Den Teig mithilfe einer Teigkarte von der Schüssel lösen und in den Topf legen. Das Brot an der Oberfläche einmal längs ca. 1 cm tief einschneiden (Bild 5) . Den Deckel wieder auflegen und das Brot im Ofen ca. 35 Min. backen. Den Deckel abnehmen und das Brot 5–10 Min. weiterbacken. Den Topf aus dem Ofen nehmen und das Brot darin auskühlen lassen (Bild 6).

GU CLOU

Sprossen bereichern das Brot mit Nährstoffen und machen es außerdem schön saftig. Durch das Keimen sind die Nährstoffe außerdem besser für unseren Körper verfügbar.

*Für 1 Brot (ca. 16 Scheiben) • 20 Min. Zubereitung • 45 Min. Backen •
Pro Scheibe ca. 135 kcal, 8 g E, 11 g F, 1 g KH*

KETO-TOASTBROT

LOW CARB

100 g Butter
30 g Kokosöl
7 Eier (M; Zimmertemperatur)
200 g Mandelmehl
1 TL Backpulver
Salz
½ TL Xanthan (3 g; aus dem Reformhaus oder Internethandel; ersatzweise 1 TL Flohsamenschalen)

AUSSERDEM
Kastenform (25 cm Länge)

1 Den Backofen auf 180° vorheizen. Die Kastenform mit Backpapier auslegen. Butter und Kokosöl in einem kleinen Topf zerlassen, dann etwas abkühlen lassen.

2 Eier in einer Rührschüssel mit den Rührbesen des Handrührgerätes 1–2 Min. aufschlagen. Die Butter-Öl-Mischung nach und nach einlaufen lassen und unterschlagen. Alles ca. 5 Min. weiterschlagen. Mandelmehl, Backpulver, ½ TL Salz und Xanthan mischen. Die Mischung zur Eiermasse geben und nur kurz unterrühren, bis die Zutaten sich gerade eben verbunden haben.

3 Den Teig in die Form füllen und im Ofen (2. Schiene von unten) ca. 45 Min. backen. Gegen Ende der Backzeit eventuell mit Backpapier abdecken, falls das Brot zu dunkel wird. Die Form aus dem Ofen nehmen und das Brot darin ca. 15 Min. abkühlen lassen. Dann aus der Form heben und auf einem Kuchengitter auskühlen lassen.

*Für 1 Brot (ca. 16 Scheiben) • 20 Min. Zubereitung • 1 Std. 30 Min. Backen •
Pro Scheibe ca. 155 kcal, 11 g E, 10 g F, 4 g KH*

ZUCCHINI-EIWEISSBROT

EIWEISSREICH

2 Zucchini (ca. 500 g)
250 g Magerquark
4 Eier (M)
150 g Mandelmehl
25 g Chia-Samen
2 EL Sojamehl
50 g Haferflocken
1 Pck. Backpulver
Salz
100 g gehackte Walnusskerne
3 EL Kürbiskerne

AUSSERDEM
Kastenform (25 cm Länge)
Fett und Mandelmehl für die Form

1 Backofen auf 150° vorheizen. Form gut einfetten und mit Mandelmehl ausstreuen. Zucchini waschen, putzen und mit der Küchenreibe grob raspeln. Raspel auf ein sauberes Küchentuch geben, das Tuch darüber zusammennehmen und die Raspel gut ausdrücken, sodass sie möglichst trocken werden.

2 Quark und Eier in einer Rührschüssel verquirlen. Mandelmehl, Chia-Samen, Sojamehl, Haferflocken, Backpulver und 1 TL Salz mischen. Die Mehlmischung mit einem Rührlöffel unter die Quarkmasse rühren. Zucchini und Walnüsse unterheben. Teig in die Form füllen und mit Kürbiskernen bestreuen.

3 Brot im Ofen (Mitte) ca. 1 Std. 30 Min. backen. Gegen Ende der Backzeit eventuell mit Backpapier abdecken, falls es zu dunkel wird. Aus dem Ofen nehmen und ca. 10 Min. abkühlen lassen. Dann aus der Form nehmen und auf einem Kuchengitter auskühlen lassen.

Für 1 Brot (ca. 15 Scheiben) • 20 Min. Zubereitung • 1 Std. 20 Min. Gehen • 55 Min. Backen • Pro Scheibe ca. 185 kcal, 8 g E, 4 g F, 28 g KH

BUTTERMILCH-MEHRKORNBROT

BALLASTSTOFFREICH

380 g Buttermilch
1 EL Honig
1 Pck. Trockenhefe (7 g)
1 Pck. flüssiger Sauerteig (75 g)
300 g Vollkorn-Dinkelmehl
150 g Vollkorn-Roggenmehl
50 g Buchweizenmehl
Salz
75 g Kerne- und Saatenmischung (z. B. Leinsamen, Chia-Samen, Hirse, Sesam, Sonnenblumenkerne)
25 g Röstzwiebeln

AUSSERDEM

Dinkelmehl zum Arbeiten
Gärkörbchen (ca. 17 cm ∅)
Pizzastein (nach Belieben)

VARIANTE

Für eine mediterrane Note statt Röstzwiebeln 50 g gewürfelte getrocknete Tomaten (ohne Öl) und 1 TL getrocknete italienische Kräuter unter den Teig kneten.

TEIG: Die Buttermilch mit dem Honig in einem kleinen Topf lauwarm erhitzen. Die Hefe und den Sauerteig einrühren. Alle drei Mehlsorten mit 1 EL Salz, der Saatenmischung und den Röstzwiebeln in der Rührschüssel der Küchenmaschine mischen. Die Buttermilchmischung dazugießen und alles mit dem Knethaken der Küchenmaschine in 3–4 Min. zu einem feuchten Teig verkneten. Den Teig abgedeckt an einem warmen Ort ca. 1 Std. gehen lassen.

FORMEN: Den Teig mit bemehlten Händen kurz durchkneten und in ein gut bemehltes Gärkörbchen legen (alternativ ein großes Sieb mit einem Geschirrtuch auslegen, gut bemehlen und den Teig zum Gehen hineingeben). Abgedeckt an einem warmen Ort nochmals ca. 20 Min. gehen lassen.

VORHEIZEN: Inzwischen den Backofen auf 230° vorheizen, dabei eine ofenfeste Schale mit Wasser auf den Ofenboden stellen. Nach Belieben den Pizzastein im Ofen (Mitte) mit vorheizen. Falls das Brot ohne Pizzastein gebacken wird, ein Backblech mit Backpapier auslegen.

BACKEN: Den Pizzastein leicht mit Mehl bestäuben und den Teig aus dem Gärkörbchen daraufstürzen. Alternativ den Teig auf das Blech stürzen. Das Brot im Ofen (Mitte) ca. 15 Min. backen. Die Ofentemperatur auf 200° reduzieren und das Brot ca. 40 Min. weiterbacken. Vom Pizzastein oder Blech nehmen und auf einem Kuchengitter auskühlen lassen.

DIE KLEINEN

Für ca. 16 Stück • 25 Min. Zubereitung • 2 Std. 30 Min. Gehen • 40 Min. Backen • Pro Stück ca. 210 kcal, 8 g E, 6 g F, 31 g KH

KICHERERBSENBRÖTCHEN

VOLLWERT-REZEPT

1 Dose Kichererbsen (Abtropfgewicht 265 g)
8 Zweige Thymian
600 g Vollkorn-Weizenmehl
150 g Kichererbsenmehl
2 Pck. Trockenhefe (à 7 g)
Salz
1 TL Honig
7 EL Olivenöl

AUSSERDEM
Mehl zum Arbeiten

VORBEREITEN: Kichererbsen in ein Sieb abgießen und abtropfen lassen. Dann mit 120 ml Wasser fein pürieren. Den Thymian waschen und trocken schütteln, die Blättchen von den Stielen zupfen.

TEIG: Beide Mehlsorten, Hefe, Thymian und 2 TL Salz in der Rührschüssel der Küchenmaschine mischen. Den Honig mit 200 ml lauwarmem Wasser verrühren. Honigwasser, Kichererbsenpüree und 4 EL Olivenöl zur Mehlmischung geben und alles mit dem Knethaken der Küchenmaschine zu einem glatten Teig verkneten. Den Teig ca. 15 Min. ruhen lassen. Dann auf die leicht bemehlte Arbeitsfläche geben und mit den Händen 5–10 Min. durchkneten, bis er elastisch ist. Eine Schüssel mit 1 EL Öl einfetten, den Teig darin wenden und abgedeckt an einem warmen Ort ca. 1 Std. 30 Min. gehen lassen.

FORMEN: Zwei Backbleche mit Backpapier auslegen. Den Teig kurz durchkneten, dann in 16 gleich große Stücke teilen. Die Teigstücke zu runden Brötchen formen und diese mit etwas Abstand zueinander auf die Bleche setzen. Die Brötchen mit dem übrigen Öl einpinseln und jeweils an der Oberfläche mit einem Messer kreuzweise ca. 1 cm tief einschneiden. Die Brötchen abgedeckt nochmals ca. 45 Min. gehen lassen.

BACKEN: Den Backofen auf 220° vorheizen. Die Brötchen blechweise nacheinander im Ofen (Mitte) je 18–20 Min. backen. Die Brötchen vom Blech nehmen und auf einem Kuchengitter auskühlen lassen.

Für 8 Stück • 20 Min. Zubereitung • 30 Min. Quellen • 25 Min. Backen •
Pro Stück ca. 235 kcal, 15 g E, 14 g F, 8 g KH

MOHN- UND SESAMBRÖTCHEN

EIWEISSREICH

3 Eier (M)
250 g Magerquark
50 g Sonnenblumenkerne
50 g geschrotete Leinsamen
30 g Lupinenmehl
15 g gemahlene Flohsamenschalen
65 g Haferkleie
1 Pck. Backpulver
Salz
50 g Sesam
50 g Mohnsamen

1 Die Eier mit dem Quark in einer Rührschüssel verquirlen. Sonnenblumenkerne, Leinsamen, Lupinenmehl, Flohsamenschalen, Haferkleie, Backpulver und 1 TL Salz mischen. Die Mischung zur Quarkmasse geben und kurz unterrühren. Den Teig ca. 30 Min. quellen lassen.

2 Inzwischen den Backofen auf 200° vorheizen. Ein Backblech mit Backpapier auslegen. Den Sesam und die Mohnsamen jeweils auf einen tiefen Teller geben.

3 Den Teig in acht gleich große Stücke teilen. Jedes Teigstück mit angefeuchteten Händen zu einem Brötchen formen, in Sesam oder Mohn wälzen und auf das Blech legen. Mit einem Apfelteiler jeweils vorsichtig ein Muster auf die Brötchen drücken oder die Brötchen mit einem Messer längs ca. 1 cm tief einschneiden. Im Ofen (Mitte) ca. 25 Min. backen. Auf einem Kuchengitter auskühlen lassen.

Für 16 Stücke • 25 Min. Zubereitung • 1 Std. 45 Min. Gehen • 25 Min. Backen • Pro Stück ca. 190 kcal, 8 g E, 5 g F, 29 g KH

JOGHURT-BRÖTCHENSONNE

GESUNDE FETTE

1 Würfel frische Hefe (42 g)
1 EL Honig
300 g Vollkorn-Dinkelmehl
350 g Weizenmehl (Type 1050)
Salz
400 g Joghurt
3 EL Öl
ca. 75 g Chia-Samen

AUSSERDEM
Springform (26 cm ∅)
Fett für die Form

1 Hefe in 100 ml lauwarmes Wasser bröckeln. Honig dazugeben und alles verrühren, bis sich die Hefe aufgelöst hat. Beide Mehlsorten und 1 gehäuften TL Salz in der Rührschüssel der Küchenmaschine mischen. Hefewasser, Joghurt und Öl dazugeben. Alles mit dem Knethaken der Küchenmaschine in ca. 5 Min. zu einem glatten Teig verkneten. Abgedeckt an einem warmen Ort ca. 1 Std. gehen lassen.

2 Die Springform einfetten. Die Chia-Samen auf einen tiefen Teller geben. Den Teig nochmals kurz durchkneten und in acht gleich große Stücke teilen. Die Stücke zu runden Kugeln formen, diese in den Chia-Samen wälzen und mit etwas Abstand zueinander in die Form setzen. Abgedeckt an einem warmen Ort ca. 45 Min. gehen lassen.

3 Kurz vor Ende der Gehzeit den Backofen auf 200° vorheizen. Die Brötchensonne im Ofen (Mitte) ca. 25 Min. backen. Auf einem Kuchengitter in der Form abkühlen lassen. In 16 Stücke schneiden.

RÜBLI-BRÖTCHENBLUME

MIT VIEL GEMÜSE

Für 8 Stück • 25 Min. Zubereitung • 1 Std. 20 Min. Gehen • 20 Min. Backen • Pro Stück ca. 195 kcal, 10 g E, 8 g F, 45 g KH

1–2 Möhren (150 g)
300 g Vollkorn-Dinkelmehl
200 g Dinkelmehl (Type 603)
1 TL gemahlene Kurkuma
Salz
1 Würfel frische Hefe (42 g)
1 TL Zucker
50 ml Öl (z. B. Sonnenblumen-, Raps- oder Kokosöl)

AUSSERDEM
Mehl zum Arbeiten

TEIG: Die Möhren putzen, schälen und fein raspeln (Bild 1). Beide Mehlsorten mit der Kurkuma und 1 TL Salz in der Rührschüssel der Küchenmaschine mischen. Die Hefe in 250 ml lauwarmes Wasser bröckeln. Den Zucker dazugeben und alles verrühren, bis sich die Hefe aufgelöst hat. Hefewasser, Öl und Möhrenraspel zur Mehlmischung geben und alles mit dem Knethaken der Küchenmaschine ca. 5 Min. verkneten. Der Teig sollte leicht klebrig und weich sein, bei Bedarf noch etwas Wasser zusätzlich unterkneten. Den Teig abgedeckt an einem warmen Ort ca. 1 Std. gehen lassen.

FORMEN: Ein Backblech mit Backpapier auslegen. Den Teig nochmals kurz durchkneten und in acht gleich große Stücke teilen (Bild 2). Jedes Teigstück zu einem länglichen Brötchen formen und dieses an einem Ende spitz zusammendrücken, sodass es die Form eines Blütenblatts erhält (Bild 3). Die Brötchen auf dem Blech dicht an dicht mit den spitzen Seiten nach innen zu einem blumenförmigen Kreis zusammenlegen (Bild 4). Die Brötchen mit etwas Mehl bestäuben, jeweils an der Oberfläche längs ca. 1 cm tief einschneiden (Bild 5) und abgedeckt nochmals ca. 20 Min. gehen lassen.

BACKEN: Inzwischen den Backofen auf 200° vorheizen, dabei eine ofenfeste Schale mit Wasser auf den Ofenboden stellen. Die Brötchen im Ofen (Mitte) ca. 20 Min. backen. Auf einem Kuchengitter auskühlen lassen (Bild 6).

Für 12 Stück • 15 Min. Zubereitung • 20 Min. Backen •
Pro Stück ca. 175 kcal, 5 g E, 9 g F, 18 g KH

MÜSLI-MUFFINS

VOLLWERT-REZEPT

2 Eier (M)
300 g Buttermilch
80 ml Öl (z. B. Sonnenblumen-, Raps- oder Kokosöl)
50 g Kokosblütenzucker
1 TL Vanilleextrakt
100 g Haferkleie
100 g Vollkorn-Dinkelmehl
25 g Früchtemüsli
2 TL Backpulver, ¼ TL Natron
Salz
150 g TK-Heidelbeeren

AUSSERDEM
Muffinblech (12 Mulden)
12 Papierbackförmchen

1 Den Backofen auf 200° vorheizen. Die Mulden des Muffinblechs mit Papierförmchen auslegen. Die Eier in einer Rührschüssel verquirlen. Buttermilch, Öl, Kokosblütenzucker und Vanille kurz unterrühren.

2 Haferkleie mit Dinkelmehl, Müsli, Backpulver, Natron und ¼ TL Salz mischen. Die Mehlmischung zur Eiermischung geben und mit einem Kochlöffel kurz unterrühren, sodass die Zutaten gerade eben verbunden sind. Die gefrorenen Heidelbeeren unterheben.

3 Den Teig in die Papierförmchen füllen. Die Muffins im Ofen (Mitte) 18–20 Min. backen. Das Blech herausnehmen und die Muffins darin ca. 5 Min. abkühlen lassen. Dann die Muffins mitsamt den Papierförmchen aus dem Blech lösen und auf einem Kuchengitter auskühlen lassen. In einer gut schließenden Dose aufbewahrt bleiben die Muffins 3–4 Tage saftig, zur längeren Aufbewahrung können sie eingefroren werden.

Für ca. 16 Stück • 30 Min. Zubereitung • 1 Std. 5 Min. Gehen • 1 Std. Backen •
Pro Stück ca. 260 kcal, 9 g E, 11 g F, 31 g KH

CRANBERRYBRÖTCHEN

BALLASTSTOFFREICH

350 g Vollkorn-Dinkelmehl
150 g Dinkelmehl (Type 630)
50 g Kokosmehl
Salz
125 ml Milch (+ 1 EL zum Bestreichen)
1 Würfel frische Hefe (42 g; oder 1 Pck. Trockenhefe)
250 g Magerquark
2 Eier (M)
150 g weiche Butter
2 EL flüssiger Honig
1 TL Vanilleextrakt
125 g getrocknete Cranberrys
Mehl zum Arbeiten
1 Eigelb (M)

1 Alle Mehlsorten und 1 Prise Salz in einer Rührschüssel mischen. 125 ml Milch lauwarm erhitzen. Hefe in die Milch bröckeln und unter Rühren darin auflösen. Quark, Eier, Butter, Honig, Vanille und Hefemilch zur Mehlmischung geben und alles zu einem geschmeidigen Teig verkneten. Cranberrys unterkneten. Teig mit etwas Mehl bestäuben und abgedeckt an einem warmen Ort ca. 45 Min. gehen lassen.

2 Zwei Backbleche mit Backpapier auslegen. Den Teig auf bemehlter Arbeitsfläche kurz durchkneten und in ca. 16 gleich große Stücke teilen. Jedes Stück zu einem runden Brötchen formen. Die Brötchen mit etwas Abstand zueinander auf die Bleche legen und abgedeckt an einem warmen Ort ca. 20 Min. gehen lassen.

3 Backofen auf 190° vorheizen. Eigelb mit 1 EL Milch verquirlen, Brötchen damit bestreichen. Im Ofen (Mitte) blechweise nacheinander je 25–30 Min. backen. Auf einem Kuchengitter auskühlen lassen.

Für 8 Stück • 20 Min. Zubereitung • 30 Min. Quellen • 20 Min. Backen • Pro Stück ca. 130 kcal, 15 g E, 5 g F, 3 g KH

PROTEINBRÖTCHEN

LOW CARB

75 g Whey-Proteinpulver (geschmacksneutral; aus dem Drogeriemarkt oder Internethandel)
30 g Chia-Samen
25 g Flohsamenschalen
50 g Mandelmehl
1 gehäufter TL Backpulver (7 g)
Salz
1 Ei (M)
150 g Skyr
75 ml Mineralwasser mit Kohlensäure
4 EL gemischte Kerne und Saaten (z. B. Kürbiskerne, Sonnenblumenkerne, Pinienkerne, Sesam, Mohnsamen)

HALTBARKEITS-TIPP

Die Brötchen lassen sich gut einfrieren. Dazu am besten waagerecht aufschneiden, so können Sie die Hälften zum Auftauen gefroren in den Toaster stecken und rösten.

TEIG: Das Proteinpulver mit Chia-Samen, Flohsamenschalen, Mandelmehl, Backpulver und 1 TL Salz in einer Rührschüssel mischen. Das Ei mit dem Skyr und dem Mineralwasser in einer zweiten Schüssel verquirlen. Die Eiermischung zur Proteinpulvermischung geben und alles mit einem Löffel verrühren. Den Teig ca. 30 Min. quellen lassen.

BACKVORBEREITUNG: Den Backofen auf 200° vorheizen. Ein Backblech mit Backpapier auslegen. Die gemischten Kerne und Saaten in einen tiefen Teller geben.

FORMEN: Aus dem Teig nacheinander acht Brötchen formen. Dafür pro Brötchen je 1 gehäuften EL Teig abnehmen, in die Saatenmischung setzen und vorsichtig mit den Händen rund formen.

BACKEN: Die Brötchen mit etwas Abstand zueinander auf das Blech setzen und im Ofen (Mitte) 15–20 Min. backen. Die Brötchen vom Blech nehmen und auf einem Kuchengitter auskühlen lassen.

Für 6 Stück • 20 Min. Zubereitung • 1 Std. Gehen • 45 Min. Backen •
Pro Stück ca. 165 kcal, 13 g E, 7 g F, 8 g KH

LINSEN-BAGUETTESTANGEN

LOW CARB

50 g rote Linsen
100 g Kartoffelfasern (aus dem Internethandel)
25 g gemahlene Flohsamenschalen
1 Pck. Trockenhefe
1 TL Kokosblütenzucker
Salz
4 Eier (M)
250 g Magerquark
100 g Doppelrahm-Frischkäse
50 g Skyr
2 EL Aceto balsamico bianco

AUSSERDEM
Kartoffelfasern zum Arbeiten

GU CLOU

Perfekt für Low-Carb-Brote: Kartoffelfasern sind ballaststoffreich, enthalten aber fast keine Kartoffelstärke mehr. Dadurch haben sie eine hohe Saugfähigkeit und geben so dem Brotteig Stabilität.

LINSEN: Die Linsen in einem Sieb kalt abspülen. In einem Topf knapp mit Wasser bedeckt aufkochen und ca. 7 Min. kochen, sie sollten noch nicht zerfallen. In ein Sieb abgießen, abtropfen und abkühlen lassen.

TEIG: Kartoffelfasern, Flohsamenschalen, Trockenhefe, Kokosblütenzucker und 1 TL Salz in einer Rührschüssel mischen. Die Eier in einer zweiten Schüssel mit den Rührbesen des Handrührgerätes ca. 5 Min. aufschlagen. Quark, Frischkäse, Skyr und Aceto einrühren. Die Kartoffelfasermischung und die Linsen dazugeben und kurz unterrühren. Den Teig ca. 5 Min. quellen lassen.

FORMEN: Ein Backblech mit Backpapier auslegen. Den Teig mit angefeuchteten Händen kurz durchkneten, dann in sechs Stücke teilen. Jedes Stück auf der leicht mit Kartoffelfasern bestäubten Arbeitsfläche zu einem ca. 15 cm langen Baguette formen, dabei die Enden leicht spitz zulaufen lassen.

BACKEN: Die Baguettestangen auf das Blech legen, dünn mit Kartoffelfasern bestäuben und abgedeckt an einem warmen Ort ca. 1 Std. gehen lassen. Kurz vor Ende der Gehzeit den Backofen auf 180° vorheizen. Die Baguettestangen im Ofen (Mitte) 40–45 Min. backen. Vom Blech nehmen und auf einem Kuchengitter auskühlen lassen.

Für 12 Stück • 40 Min. Zubereitung • ca. 15 Std. Ruhen • 30 Min. Backen • Pro Stück ca. 230 kcal, 9 g E, 3 F, 41 g KH

VOLLKORN-BAGELS

BALLASTSTOFFREICH

1 TL Trockenhefe
3 TL Ahornsirup
500 g Vollkorn-Weizenmehl
250 g Weizenmehl (Type 1050)
Salz
50 g Kerne und Saaten (z. B. Kürbiskerne, Sonnenblumenkerne, Sesam, Mohnsamen oder ein Saatenmix)

AUSSERDEM
Mehl zum Arbeiten

TEIG: Am Vortag 400 ml lauwarmes Wasser mit der Hefe und 1 TL Ahornsirup verrühren. Die Mischung abgedeckt an einem warmen Ort 10–15 Min. stehen lassen. Restlichen Ahornsirup einrühren. Beide Mehlsorten und 2 TL Salz in einer Rührschüssel mischen. Hefemischung dazugeben und alles ca. 5 Min. verkneten. Den Teig auf der leicht bemehlten Arbeitsfläche mit den Händen ca. 5 Min. weiterkneten. Abgedeckt an einem warmen Ort ca. 2 Std. 30 Min. gehen lassen.

FORMEN: Zwei Backbleche mit Backpapier auslegen. Den Teig leicht nach unten drücken, um die Luft etwas herauszudrücken (nicht kneten!). In zwölf gleich große Stücke teilen und zu Bagels formen: Dafür jedes Stück zu einem ca. 20 cm langen Strang rollen, die Enden des Strangs zusammennehmen und gut zusammendrücken. Auf die Bleche legen und abgedeckt an einem kühlen Ort ca. 12 Std. ruhen lassen.

FERTIGSTELLEN: Die Bagels ca. 30 Min. Zimmertemperatur annehmen lassen. Den Backofen auf 240° vorheizen. Kerne und Saaten auf Teller geben. In einem großen weiten Topf Salzwasser aufkochen. Die Temperatur zurückschalten, sodass das Wasser nur noch siedet. Bagels portionsweise im Wasser ca. 30 Sek. garen, umdrehen und ca. 30 Sek. weitergaren. Mit einem Schaumlöffel herausheben, mit einer Seite in die Kerne und Saaten drücken und mit der Saatenseite nach unten auf die Bleche legen. Im Ofen (Mitte) blechweise nacheinander je 13–15 Min. backen, dabei nach der Hälfte der Backzeit umdrehen. Auf einem Kuchengitter auskühlen lassen.

*Für 12 Stück • 30 Min. Zubereitung • 1 Std. 30 Min. Gehen • 25 Min. Backen •
Pro Stück ca. 155 kcal, 6 g E, 4 g F, 22 g KH*

SATTMACHER-LAUGENBRÖTCHEN

BALLASTSTOFFREICH

300 g Vollkorn-Weizenmehl
100 g Weizenmehl (Type 1050)
100 g Kartoffelfasern (aus dem Internethandel)
Salz
2 Pck. Trockenhefe
1 EL Kokosblütenzucker
1 EL Öl
40 g Natron
Sesam und grobes Salz zum Bestreuen

TEIG: Beide Mehlsorten, Kartoffelfasern und 1 TL Salz in der Rührschüssel der Küchenmaschine mischen. 450 ml lauwarmes Wasser mit der Hefe und dem Zucker verrühren. Das Hefewasser mit dem Öl zur Mehlmischung geben und alles ca. 5 Min. mit dem Knethaken der Küchenmaschine zu einem geschmeidigen, leicht feuchten Teig verkneten. Den Teig abgedeckt an einem warmen Ort ca. 1 Std. gehen lassen, bis er sein Volumen etwa verdoppelt hat.

FORMEN: Ein Backblech mit Backpapier auslegen. Den Teig nochmals kurz durchkneten und in zwölf gleich große Stücke teilen. Die Teigstücke zu runden Brötchen formen und mit etwas Abstand zueinander auf das Blech legen. Die Brötchen abgedeckt an einem warmen Ort ca. 30 Min. gehen lassen.

LAUGE: Kurz vor Ende der Gehzeit den Backofen auf 190° vorheizen. 1 l Wasser in einem weiten Topf aufkochen. Das Natron dazugeben (Vorsicht, spritzt!) und die Hitze zurückschalten, sodass die Lauge nur noch simmert, aber nicht mehr kocht. Die Brötchen nacheinander je 30–40 Sek. in die Lauge tauchen, dabei jeweils einmal wenden. Mit einem Schaumlöffel herausheben und zurück auf das Blech legen.

BACKEN: Die Brötchen an der Oberfläche mit einer Schere sofort kreuzweise ca. 1 cm tief einschneiden. Mit Sesam und Salz bestreuen. Im Ofen (Mitte) 20–25 Min. backen. Vom Blech nehmen und auf einem Kuchengitter auskühlen lassen.

DIE BESONDEREN

Für 4 Stück • 20 Min. Zubereitung • 5 Min. Ruhen • 15 Min. Backen •
Pro Portion ca. 275 kcal, 19 g E, 20 g F, 4 g KH

CLOUD-BREAD-SANDWICH

LOW CARB

FÜR DIE CLOUD BREADS

4 Eier (M)
4 Msp. Backpulver
100 g Doppelrahm-Frischkäse
Salz
2 TL Sesam

FÜR DEN BELAG

8 Radieschen
½ Salatgurke
½ Bund Dill
50 g Rucola
8 Scheiben Räucherlachs (à ca. 15 g)

EIERMASSE: Den Backofen auf 150° vorheizen. Ein Backblech mit Backpapier auslegen. Die Eier trennen. Die Eiweiße mit dem Backpulver in einer Rührschüssel mit den Rührbesen des Handrührgerätes steif schlagen. Die Eigelbe in eine zweite Rührschüssel geben, 50 g Frischkäse und 1 Prise Salz dazugeben und alles mit den Rührbesen des Handrührgerätes ca. 1 Min. verrühren. Den Eischnee und mit einem Teigspatel vorsichtig unterheben.

BACKEN: Die Masse auf dem Blech zu acht runden Fladen (à ca. 12 cm ∅) verteilen. Die Fladen mit Sesam bestreuen und im Ofen (Mitte) ca. 15 Min. backen.

BELAG: Inzwischen für den Belag die Radieschen und die Gurke waschen, putzen und in dünne Scheiben hobeln. Den Dill waschen und trocken schütteln, die Spitzen abzupfen. Den Rucola verlesen, waschen und trocken schütteln, grobe Stiele entfernen.

FERTIGSTELLEN: Die Fladen aus dem Ofen nehmen und ca. 5 Min. auf dem Blech abkühlen lassen. Dann mit einem Messer vorsichtig vom Backpapier ablösen und auskühlen lassen. Vier Fladen mit dem übrigen Frischkäse bestreichen und mit Lachs, Dill, Radieschen, Gurke und Rucola belegen. Mit den übrigen Fladen abdecken und sofort servieren.

Für 18 Stück • 10 Min. Zubereitung • 40 Min. Backen •
Pro Stück ca. 100 kcal, 4 g EW, 6 g F, 8 g KH

SAATEN-KNÄCKEBROT

GESUNDE FETTE

30 g Kürbiskerne
30 g Leinsamen
30 g Sonnenblumenkerne
40 g Sesam
40 g Mohnsamen
40 g kernige Haferflocken
80 g Vollkorn-Dinkelmehl
90 g Buchweizenmehl
1 TL Backpulver
Salz
2 EL zerlassenes Kokosöl

1 Den Backofen auf 175° vorheizen. Alle Kerne und Samen mit Haferflocken, beiden Mehlsorten, Backpulver und 1 ½ TL Salz in einer Rührschüssel mischen. Das Kokosöl und 125 ml Wasser dazugeben und alles mit den Knethaken des Handrührgeräts zu einem relativ festen Teig verarbeiten.

2 Ein Backblech mit Backpapier auslegen. Den Teig darauf verteilen, mit einem zweiten Bogen Backpapier abdecken und mit einer Teigrolle gleichmäßig flach auf das ganze Blech ausrollen (ca. 30 × 40 cm). Das obere Papier abziehen. Die Teigplatte mit einem Messer quer in drei je ca. 10 cm breite Streifen schneiden, dann längs in sechs je 6–7 cm breite Streifen, sodass 18 gleich große Rechtecke entstehen. Im Ofen (Mitte) ca. 40 Min. backen.

3 Aus dem Ofen nehmen, kurz abkühlen lassen, dann die Platte an den geschnittenen Stellen in 18 Stücke teilen. Auskühlen lassen.

Für 12 Stück • 25 Min. Zubereitung • 1 Std. 10 Min. Gehen • 25 Min. Backen •
Pro Stück ca. 90 kcal, 3 g E, 2 g F, 14 g KH

WÜRZIGE ROGGEN-CRACKER

VOLLWERT-REZEPT

1 EL Honig
1 TL Trockenhefe
250 g Vollkorn-Roggenmehl
Salz
Sesam und Schwarzkümmelsamen zum Bestreuen (nach Belieben)

AUSSERDEM
Mehl zum Arbeiten

1 Den Honig und die Hefe mit 200 ml lauwarmem Wasser verrühren. Die Mischung ca. 10 Min. stehen lassen, bis sich Bläschen bilden. Das Mehl und 1 TL Salz dazugeben und alles zu einem klebrigen, nassen Teig verrühren. Abgedeckt ca. 1 Std. gehen lassen.

2 Den Backofen auf 200° vorheizen. Zwei gut bemehlte Bögen Backpapier bereitlegen. Aus dem Teig zwölf Cracker ausrollen (pro Backpapierbogen sechs Stück). Dafür pro Cracker ein golfballgroßes Teigstück abstechen und auf dem Backpapier möglichst dünn rund (ca. 12 cm ∅) ausrollen. Backpapier mitsamt den Crackern auf zwei Backbleche ziehen. Die Cracker mit Wasser bestreichen und nach Belieben mit Sesam und Schwarzkümmel bestreuen.

3 Im Ofen (Mitte) blechweise nacheinander je 10–12 Min. backen, bis die Cracker knusprig und an den Rändern leicht dunkel werden. Samt Backpapier auf ein Kuchengitter ziehen und auskühlen lassen.

Für 16 Stücke • 20 Min. Zubereitung • 1 Std. 30 Min. Gehen • 15 Min. Backen • Pro Stück ca. 80 kcal, 3 g E, 2 g F, 12 g KH

VOLLKORN-FOCACCIA

BALLASTSTOFFREICH

5 Zweige Thymian
2 Zweige Rosmarin
200 g Vollkorn-Dinkelmehl
50 g Dinkelmehl (Type 603)
Salz
10 g frische Hefe
½ TL Zucker
3 EL Olivenöl
250 g Kirschtomaten
ca. 1 TL grobes Meersalz

AUSSERDEM
Mehl zum Arbeiten

GUT ZU WISSEN
Wer einen Pizzastein hat, kann die Focaccia gut darauf backen. Den Stein im Ofen mit vorheizen und die Focaccia mitsamt Backpapier daraufziehen. So wird der Teig außen besonders knusprig und bleibt innen schön saftig.

TEIG: Den Thymian und den Rosmarin waschen und trocken schütteln, die Blättchen bzw. Nadeln von den Stielen streifen und fein hacken. Beide Dinkelmehlsorten und 1 gestrichenen Salz in der Rührschüssel der Küchenmaschine mischen. Die Hefe in 160 ml lauwarmes Wasser bröckeln. Den Zucker dazugeben und alles verrühren, bis sich die Hefe und der Zucker aufgelöst haben. Das Hefewasser, 1 EL Olivenöl und die gehackten Kräuter zur Mehlmischung geben und alles mit dem Knethaken der Küchenmaschine in ca. 5 Min. zu einem geschmeidigen Teig verkneten. Den Teig abgedeckt an einem warmen Ort ca. 1 Std. gehen lassen.

AUSROLLEN: Den Teig auf der leicht bemehlten Arbeitsfläche nochmals kurz durchkneten, dann auf einem Bogen Backpapier ca. 25 × 28 cm groß ausrollen. Die Focaccia samt Backpapier auf ein Backblech ziehen und abgedeckt an einem warmen Ort weitere 25–30 Min. gehen lassen.

BACKEN: Inzwischen den Backofen auf 200° vorheizen. Die Tomaten waschen, trocken reiben und jeweils halbieren. Die Tomatenhälften auf der Focaccia verteilen. Die Focaccia mit 2 EL Öl beträufeln und mit grobem Meersalz bestreuen. Im Ofen (Mitte) 12–15 Min. backen. Herausnehmen, mit einem sauberen Küchentuch bedecken und auskühlen lassen.

Für 4 Stück • 50 Min. Zubereitung • 1 Std. Quellen • 20 Min. Backen • Pro Stück 465 kcal, 28 g E, 15 g F, 46 g KH

SOCCA

GLUTENFREI

FÜR DEN TEIG
300 g Kichererbsenmehl
Salz
4 TL Olivenöl

FÜR DEN BELAG
50 g Baby-Blattsalat
50 g getrocknete Tomaten in Öl
100 g Schafskäse (Feta)
Salz
Pfeffer

TEIG: Für den Teig das Kichererbsenmehl mit 1 gehäuften TL Salz mischen. 350 ml Wasser mit einem Schneebesen gut unterrühren. Die Masse ca. 1 Std. quellen lassen.

BELAG: Inzwischen für den Belag den Blattsalat verlesen, waschen und sehr gut trocken schleudern. Die getrockneten Tomaten abtropfen lassen, dabei 2 EL Öl auffangen. Die Tomaten in kleine Stücke schneiden.

BRATEN: Zwei Ofenroste mit Backpapier belegen. Den Backofen auf 200° vorheizen. 1 TL Olivenöl in einer beschichten Pfanne erhitzen. Ein Viertel der Kichererbsenmasse in die Pfanne geben und mit einem Löffel zu einem runden Fladen (ca. 22 cm ∅) ausstreichen. Den Fladen ca. 5 Min. braten. Dann einen großen Topfdeckel auf die Pfanne legen und die Pfanne umdrehen, sodass die Socca auf dem Deckel liegt. Die Pfanne zurück auf den Herd stellen, die Socca vom Deckel zurück in die Pfanne gleiten lassen und auf der zweiten Seite weitere 4–5 Min. braten. Aus dem restlichen Olivenöl und der restlichen Kichererbsenmasse auf die gleiche Weise drei weitere Fladen braten. Je zwei Fladen auf einen Ofenrost legen.

FERTIGSTELLEN: Jeden Fladen mit je ½ EL Tomatenöl beträufeln. Je ein Viertel des Fetas daraufbröseln und je ein Viertel der Tomaten darauf verteilen. Mit Salz und Pfeffer würzen und im Ofen (Mitte) rostweise nacheinander je ca. 10 Min. backen. Die Fladen auf Teller geben und den Salat darauf verteilen. Sofort servieren.

SÜSSKARTOFFEL-HEFEZOPF

OHNE RAFFINIERTEN ZUCKER

*Für 20 Scheiben • 40 Min. Zubereitung • 1 Std. 30 Min. Gehen • 30 Min. Backen •
Pro Scheibe ca. 165 kcal, 5 g E, 7 g F, 20 g KH*

FÜR DEN TEIG

1 kleine Süßkartoffel (ca. 125 g)
400 g Vollkorn-Dinkelmehl
250 g Dinkelmehl (Type 630)
Salz
60 g zimmerwarmes Kokosöl
250 g Buttermilch
1 Ei (M)
2 EL Ahornsirup
½ Würfel frische Hefe (21 g; oder ½ Pck. Trockenhefe)
Mehl zum Ausrollen

FÜR DIE FÜLLUNG

120 g getrocknete Aprikosen
40 g Mandelmus
70 g Pistazienkerne

GU CLOU

Das Süßkartoffelpüree macht den Teig nicht nur fluffig und saftig, es verleiht ihm auch ein leicht süßliches Aroma und eine schöne Farbe. Und gleichzeitig punktet es mit extra Nähr- und Ballaststoffen.

TEIG: Für den Teig die Süßkartoffel schälen, waschen und in grobe Würfel schneiden (Bild 1). Die Kartoffelwürfel in kochendem Wasser ca. 20 Min. garen. Inzwischen beide Dinkelmehlsorten und ¾ TL Salz in einer Rührschüssel mischen. Die Süßkartoffel abgießen. Das Kokosöl dazugeben und alles noch warm mit einer Gabel zu einem Brei vermischen (Bild 2). Buttermilch, Ei und Ahornsirup unterrühren. Die Hefe hineinbröckeln und alles verrühren, bis sich die Hefe aufgelöst hat. Die Süßkartoffelmischung zur Mehlmischung geben und alles zu einem geschmeidigen Teig verarbeiten. Den Teig zugedeckt an einem warmen Ort ca. 1 Std. gehen lassen.

FÜLLUNG: Die Aprikosen in kleine Würfel schneiden, mit heißem Wasser übergießen und ca. 10 Min. ziehen lassen. In ein Sieb abgießen, dabei 2 EL Einweichflüssigkeit auffangen. Aprikosen mit Mandelmus und aufgefangenem Einweichwasser mit dem Pürierstab fein pürieren (Bild 3). Die Pistazien hacken, 50 g davon unter das Aprikosenpüree mischen.

FORMEN: Ein Backblech mit Backpapier belegen. Den Teig auf der leicht bemehlten Arbeitsfläche kurz durchkneten (Bild 4), zu einem 1–1,5 cm dicken Rechteck (ca. 32 × 36 cm) ausrollen und dieses in drei ca. 10 × 36 cm große Streifen schneiden. Die Füllung der Länge nach mittig auf den Streifen verstreichen. Die Teigränder links und rechts über die Füllung klappen (Bild 5). Teigstreifen vorsichtig zu einem Strang rollen. Die Stränge zu einem Zopf flechten, die Enden an beiden Seiten nach unten einschlagen. Den Zopf auf das Blech legen und abgedeckt an einem warmen Ort ca. 30 Min. gehen lassen.

BACKEN: Den Backofen auf 200° vorheizen. Den Zopf mit Wasser bestreichen und mit den übrigen Pistazien bestreuen. Im Ofen (Mitte) 25–30 Min. backen. Vom Blech nehmen und auf einem Kuchengitter auskühlen lassen (Bild 6).

Für ca. 24 Stück • 30 Min. Zubereitung • 1 Std. 30 Min. Gehen • ca. 1 Std. 30 Min. Auskühlen • 2 Std. 15 Min. Backen/Trocknen • Pro Stück ca. 100 kcal, 3 g E, 4 g F, 13 g KH

VOLLKORN-KOKOS-ZWIEBACK

BALLASTSTOFFREICH

250 g Vollkorn-Weizenmehl
150 g Weizenmehl (Type 1050)
60 g Kokosmehl
Salz
200 ml Milch
1 Würfel frische Hefe (42 g)
2 EL Kokosblütenzucker
½ TL Vanilleextrakt
50 g flüssiges Kokosöl

AUSSERDEM
Kastenform (25 cm Länge)
Fett und Mehl für die Form

TEIG: Beide Weizenmehlsorten, Kokosmehl und 1 TL Salz in der Rührschüssel der Küchenmaschine mischen. Die Milch mit 125 ml Wasser in einem Topf lauwarm erwärmen. Die Hefe hineinbröckeln, Zucker und Vanilleextrakt dazugeben und alles verrühren, bis sich die Hefe und der Zucker aufgelöst haben. Hefemischung und Kokosöl zur Mehlmischung geben und alles in ca. 5 Min. zu einem Teig verkneten. Den Teig abgedeckt an einem warmen Ort ca. 1 Std. 30 Min. gehen lassen.

VORBACKEN: Den Backofen auf 200° vorheizen. Die Kastenform gut einfetten und mit Mehl ausstäuben. Den Teig in die Form füllen und im Ofen (Mitte) ca. 30 Min. backen. Die Form aus dem Ofen nehmen und das Brot darin ca. 15 Min. abkühlen lassen. Dann aus der Form lösen und auf einem Kuchengitter auskühlen lassen.

TROCKNEN: Den Backofen auf 80° Umluft (Ober-/Unterhitze nicht geeignet!) einstellen. Ein Backblech mit Backpapier auslegen. Das Brot in ca. 1 cm breite Scheiben schneiden. Die Scheiben dicht an dicht auf das Blech legen. Zwieback im Ofen 1 Std. 30 Min.– 1 Std. 45 Min. trocknen. Dabei einen Kochlöffelstiel in die Ofentür klemmen, damit Dampf entweichen kann, und die Zwiebäcke nach der Hälfte der Backzeit wenden. Auf einem Kuchengitter auskühlen lassen.

Für ca. 20 Stück • 20 Min. Zubereitung • 50 Min. Backen •
Pro Stück ca. 40 kcal, 2 g E, 3 g F, 3 g KH

KICHERERBSEN-GRISSINI

LOW CARB

1 Dose Kichererbsen
(265 g Abtropfgewicht)
50 g Skyr
5 TL Olivenöl
Salz
1 TL gemahlene Kurkuma
25 g Vollkorn-Dinkelmehl
Sesam zum Bestreuen

AUSSERDEM
Spritzbeutel mit Lochtülle
(8 cm ∅)

GUT ZU WISSEN
Statt des Spritzbeutels können Sie auch einen Gefrierbeutel verwenden. Die Masse in den Beutel füllen und diesen verschließen. Unten eine Ecke abschneiden, sodass eine Öffnung (ca. 8 mm ∅) entsteht.

VORBEREITEN: Den Backofen auf 140° Umluft (Ober-/Unterhitze nicht geeignet!) vorheizen. Zwei Backbleche mit Backpapier auslegen. Die Kichererbsen in ein Sieb abgießen und gut abtropfen lassen.

TEIG: Die Kichererbsen mit Skyr, Olivenöl, 1 TL Salz, gemahlener Kurkuma und Dinkelmehl in einem hohen Rührbecher mit dem Pürierstab oder in einem Standmixer zu einer glatten Masse pürieren.

SPRITZEN: Die Kichererbsenmasse in den Spritzbeutel füllen und in blechlangen Streifen mit etwas Abstand zueinander auf die Bleche spritzen. Die Streifen mit Sesam bestreuen.

BACKEN: Die Kichererbsen-Grissini im Ofen (unten und Mitte) 45–50 Min. backen, dabei nach der Hälfte der Backzeit die Bleche tauschen. Die Grissini im ausgeschalteten Ofen auskühlen. Die Stangen jeweils in der Mitte durchbrechen, sodass ca. 18 cm lange Stücke entstehen.

Für 1 Brot (ca. 16 Scheiben) • 25 Min. Zubereitung • 55 Min. Backen •
Pro Scheibe ca. 210 kcal, 5 g E, 12 g F, 22 g KH

BANANA BREAD

OHNE RAFFINIERTEN ZUCKER

200 g Vollkorn-Weizenmehl
150 g Weizenmehl (Type 1050)
2 TL Backpulver
Salz
1 TL Zimtpulver
3 reife Bananen (ca. 300 g Fruchtfleisch)
70 g weiche Datteln (z. B. Medjol; entsteint)
60 g Pekannusskerne
100 ml Öl (z. B. Sonnenblumen-, Raps- oder Kokosöl)
175 g Buttermilch
2 Eier (M)

AUSSERDEM
Kastenform (30 cm Länge)
Fett und Mehl für die Form

VORBEREITEN: Den Backofen auf 190° vorheizen. Die Kastenform fetten und mit Mehl ausstäuben. Beide Mehlsorten mit Backpulver, 1 Prise Salz und dem Zimt mischen. Die Bananen schälen und in Stücke schneiden. Die Datteln ebenfalls in Stücke schneiden. Bananen und Datteln in einem hohen Rührbecher mit dem Pürierstab fein pürieren. Die Pekannüsse grob hacken.

TEIG: Das Öl mit der Buttermilch und den Eiern in einer Schüssel mit den Rührbesen des Handrührgerätes gut verquirlen. Die Mehlmischung nacheinander in zwei Portionen dazugeben und jeweils kurz unterrühren, sodass die Zutaten gerade eben verbunden sind. Die Nüsse unterheben. Den Teig in die Form füllen.

BACKEN: Das Banana Bread im Ofen (Mitte) ca. 55 Min. backen. Gegen Ende der Backzeit eventuell mit Backpapier abdecken, falls es zu stark bräunt. Das Banana Bread in der Form auf einem Kuchengitter ca. 20 Min. abkühlen lassen. Dann aus der Form lösen und auskühlen lassen.

Für 8 Stück • 25 Min. Zubereitung • 30 Min. Backen •
Pro Stück ca. 280 kcal, 9 g E, 14 g F, 29 g KH

GEROLLTE PIZZA-SCONES

MIT VIEL GEMÜSE

FÜR DIE FÜLLUNG

1 kleiner Zucchino (ca. 200 g)
100 g stückige Tomaten (aus der Dose)
Salz
Pfeffer
½ TL getrockneter Oregano
50 g geraspelter Gratin-Käse

FÜR DEN TEIG

225 g Vollkorn-Dinkelmehl
75 g Polenta (Maisgrieß)
2 TL Backpulver
Salz
100 g kalte Butter
150 g kalte Buttermilch
1 Ei (M)

AUSSERDEM

Mehl zum Arbeiten
Muffinblech (benötigt werden 10 Mulden)

FÜLLUNG: Den Zucchino waschen, putzen, grob raspeln und auf ein sauberes Küchentuch geben. Das Tuch über den Raspeln zusammennehmen und die Zucchini kräftig ausdrücken, sodass sie möglichst trocken werden. Die Tomaten mit Salz, Pfeffer und Oregano abschmecken.

TEIG: Mehl, Polenta, Backpulver und ½ TL Salz mischen. Die Butter in Flöckchen dazugeben und mit den Fingerspitzen krümelig einarbeiten. Die Buttermilch und das Ei mit einer Gabel verquirlen, zur Mehlmischung geben und mit der Gabel möglichst kurz unterrühren. Den Backofen auf 200° vorheizen. Aus Backpapier acht je ca. 10 × 10 cm große Quadrate schneiden.

FERTIGSTELLEN: Den weichen Teig halbieren. Eine Hälfte auf der gut bemehlten Arbeitsfläche zu einem ca. 0,5 cm dicken Rechteck (ca. 25 × 30 cm) ausrollen. Die Teigplatte mit der Hälfte der Tomatensauce bestreichen, dabei rundherum einen 1–2 cm breiten Rand frei lassen. Je die Hälfte der Zucchini und des Käses daraufstreuen. Die Teigplatte von einer langen Seite beginnend vorsichtig aufrollen bzw. zu einer Rolle falten und drücken. Klebt der Teig an der Arbeitsfläche, vorsichtig mit einem Messer lösen. Die Rolle in vier je ca. 6 cm dicke Scheiben schneiden. Jede Scheibe auf ein Backpapierquadrat geben und in eine Mulde des Muffinblechs drücken. Aus der anderen Teighälfte und dem Rest Tomatensauce, Zucchini und Käse vier weitere Scones herstellen. Die Scones im Ofen (Mitte) ca. 30 Min. backen. Lauwarm oder kalt servieren.

REGISTER

Vegane Rezepte, die im Buch mit einem 🌿 gekennzeichnet sind, sind hier grün.

P/Q

R/S

T/V

W/Z

Abkürzungsverzeichnis:
E = Eiweiß
EL = Esslöffel (gestrichen)
F = Fett
kcal = Kilokalorien
KH = Kohlenhydrate
Msp. = Messerspitze
Pck. = Päckchen
TK = Tiefkühl
TL = Teelöffel (gestrichen)
Ø = Durchmesser

GU ist eine eingetragene Marke der GRÄFE UND UNZER VERLAG GmbH, www.gu.de

ISBN 978-3-8338-7347-8
3. Auflage 2023

Projektleitung: Verena Kordick
Lektorat: Karin Kerber
Korrektorat: Waltraud Schmidt
Innen- und Umschlaggestaltung: independent Medien-Design, Horst Moser, München
Herstellung: Mendy Willerich
Satz: Kösel, Krugzell
Reproduktion: medienprinzen GmbH, München
Druck und Bindung: Firmengruppe APPL, aprinta druck, Wemding

Printed in Germany

www.facebook.com/gu.verlag

GRÄFE UND UNZER

Ein Unternehmen der GANSKE VERLAGSGRUPPE

Umwelthinweis:
Dieses Buch ist auf PEFC-zertifiziertem Papier aus nachhaltiger Waldwirtschaft gedruckt.

Syndication: www.seasons.agency

DIE AUTORIN

Inga Pfannebecker, Oecotrophologin und Autorin vieler Kochbücher, hat ein Händchen für einfache Gerichte mit besonderem Dreh. In diesem Buch zeigt sie, wie Brot zum Abnehm-Hit wird. (www.inga-pfannebecker.de)

DER FOTOGRAF

Mathias Neubauer, Foodfotograf und Grafik-Designer, arbeitet für internationale Buchverlage und Magazine wie den FEINSCHMECKER. In seinem Studio in Seligenstadt hat er die Brote in Szene gesetzt. Unterstützt wurde er von **Andreas Neubauer** (Foodstyling).

BILDNACHWEIS

Mathias Neubauer: S. 06-59 und Stepfotos auf den Klappen
Auen60 Photography (Julia Schärdel & Ines Häberlein): S. 01, 05 und Stillleben auf den Klappen
Kathrin Koschitzki: Coverfoto
Eef Ouwehand: Autorenfoto

QUALITÄTS G|U GARANTIE

LIEBE LESERINNEN UND LESER,

wir wollen Ihnen mit diesem Buch Informationen und Anregungen geben, um Ihnen das Leben zu erleichtern oder Sie zu inspirieren, Neues auszuprobieren. Wir achten bei der Erstellung unserer Bücher auf Aktualität und stellen höchste Ansprüche an Inhalt und Gestaltung. Alle Anleitungen und Rezepte werden von unseren Autoren, jeweils Experten auf ihren Gebieten, gewissenhaft erstellt und von unseren Redakteur*innen mit größter Sorgfalt ausgewählt und geprüft.

Haben wir Ihre Erwartungen erfüllt? Sind Sie mit diesem Buch und seinen Inhalten zufrieden? Wir freuen uns auf Ihre Rückmeldung. Und wir freuen uns, wenn Sie diesen Titel weiterempfehlen, in Ihrem Freundeskreis oder bei Ihrem Online-Kauf.

Sollten wir Ihre Erwartungen so gar nicht erfüllt haben, tauschen wir Ihnen Ihr Buch jederzeit gegen ein gleichwertiges zum gleichen oder ähnlichen Thema um.

KONTAKT ZUM LESERSERVICE

GRÄFE UND UNZER VERLAG
Grillparzerstraße 12
81675 München
www.gu.de

APPETIT AUF MEHR?

ISBN 978-3-8338-7234-1

ISBN 978-3-8338-6849-8

ISBN 978-3-8338-7296-9

ISBN 978-3-8338-7327-0

ISBN 978-3-8338-6451-3

ISBN 978-3-8338-7295-2

e Auch als eBook erhältlich.

GU

Mehr von GU auf **www.gu.de** und **facebook.com/gu.verlag**

DIE »GU KOCHEN PLUS«-APP

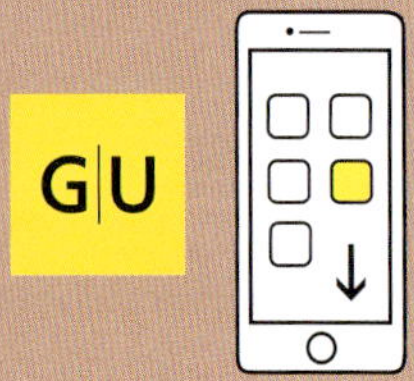

1 APP HERUNTERLADEN

Laden Sie die kostenlose »GU Kochen Plus«-App im Apple App Store oder im Google Play Store auf Ihr Smartphone. Starten Sie die App und wählen Sie Ihren Küchenratgeber aus.

2 REZEPTBILD SCANNEN

Scannen Sie das gewünschte Rezeptbild mit der Kamera Ihres Smartphones. Klicken Sie im Display die Funktion Ihrer Wahl.

3 FUNKTIONEN NUTZEN

Sammeln Sie Ihre Lieblingsrezepte. Speichern und verschicken Sie Ihre Einkaufslisten. Oder nutzen Sie den praktischen Supermarkt-Finder und den Rezept-Planer.